UNE VIEILLE FAMILLE MILITAIRE

POITEVINE

LES

DU BOULET DE LA BROÜE

PARIS

IMPRIMERIE MAULDE, DOUMENC & Cie

144, RUE DE RIVOLI, 144

1904

GABRIEL DU BOULET, SEIGNEUR DE LA BROÜE
LIEUTENANT-COLONEL
COMMANDANT SUPÉRIEUR DES MILICES DE LA MARTINIQUE
CHEVALIER DE SAINT-LOUIS

1725-1813

(Voir page 11)

Une Vieille Famille Militaire Poitevine

LES

DU BOULET DE LA BROÜE

On sait avec quelle fidélité de traditions chevale-
resques l'ancienne noblesse usa, surtout en province,
du privilège excessif de monopoliser le recrutement des
officiers de l'armée et parvint en quelque sorte à le
légitimer pendant plusieurs siècles. Aussi n'est-il pas
exagéré de poser en principe que, sous ce rapport essentiellement glorieux, l'historique de nos vieux Régiments,
aux noms pittoresques et suggestifs, se confond intime-
ment avec celui de la plupart de ces «maisons» très
diverses de titre, de fortune et d'ancienneté, mais étroi-
tement uniformisées par le culte intensif de l'honneur et
des devoirs militaires.

Citer un de ces exemples de filiation militaire dont

les lacunes inévitables des successions masculines pouvaient seules interrompre la régularité, exclut évidemment *à priori* la moindre prétention à la nouveauté. La règle est si constante qu'on peut à peine lui trouver des exceptions. Nous n'en espérons pas moins éviter le reproche de vulgaire banalité en rappelant les souvenirs généalogiques d'une de ces vieilles familles qui donnèrent à la France presque autant d'officiers que d'enfants mâles. La remarquable continuité des services des membres de cette famille et les circonstances auxquelles ils se trouvèrent mêlés nous ont paru de nature à intéresser les lecteurs assidus de nos fastes militaires. Nous aurons ainsi, par surplus, la légitime satisfaction de tenter la fixation historique d'un nom près de s'éteindre et qu'il serait regrettable de laisser disparaître dans l'oubli.

Les **DU BOULET DE LA BROÜE**, qui font l'objet de la présente notice, étaient originaires du Poitou, où leur existence est authentiquement constatée, dès 1479, dans des actes notariés qui les qualifient d' « écuyers », habitant des « lieux nobles », entr'autres celui « du Boulet », dont ils prirent ou portèrent invariablement le nom. Ils essaimèrent par la suite en Angoumois, en Saintonge, en Picardie, et en dernier lieu à la Martinique. Mais, à partir de 1641 jusqu'à la Révolution, c'est à l'armée que l'on doit chercher leur résidence préférée et officielle.

Leurs alliances ne furent pas sans éclat. Il nous suffira de citer les noms de Saint-Simon, de Mouchy, de Caulincourt, avec lesquels ils entrèrent en relation de parenté assez étroite, pour donner une haute idée de la considération de leur maison. Ajoutons que leur noblesse, vérifiée à plusieurs reprises sous les règnes de Henri IV, de Louis XIII, de Louis XIV et de Louis XV, conformément aux us et coutumes de l'ancien régime, ne souleva jamais la moindre contestation.

Ils portaient :

« D'argent, à la bande d'azur chargée en chef d'une fleur de
» lys d'or et de deux *boulets* du même métal au-dessous, et
» accostée en chef d'un cygne d'azur, et un chef de gueules chargé
» d'un boulet d'or. » — Le tout surmonté d'un cimier de chevalier qui, vers 1780, fut légitimement remplacé par un tortil de Baron. — Armes essentiellement « parlantes » qui reçurent la confirmation de d'Hozier, en 1764, dans une dernière et très documentée attestation de noblesse au XII⁰ degré.

De 1641 à 1855, soit pendant plus de deux siècles ininterrompus, les noms des « du Boulet de la Broüe » figurent avec distinction sur les contrôles de l'ancienne et de la nouvelle armée. La mort prématurée du dernier descendant mâle de cette honorable famille, le sergent-major Alphonse-Marie-Élie-Gabriel du Boulet de la Broüe, décédé à l'hôpital d'Angoulême à peine âgé de 20 ans, le 16 mai 1856, vint brutalement et irréparablement arrêter la continuité de ces belles traditions au moment même où elle paraissait le plus solidement garantie.

L'activité militaire des « du Boulet de la Broüe » remonte certainement bien au delà de la date que nous venons de citer (1641). On n'improvise pas à ce point une longue succession d'aptitudes professionnelles aussi déterminées. Mais l'absence complète de documents pour cette période lointaine de leur vie publique nous impose un très inopportun silence. Voici par contre quel fut, pendant les deux siècles qu'il nous a été possible de scruter à loisir et avec fruit, leur rôle individuel et chronologique :

I. — **François du Boulet**, Seigneur de la Broüe, nommé capitaine d'infanterie par le roi Louis XIII, suivant commission datée du 14 mai 1641. Sans autre renseignement. C'est le premier titre d' « officier », au sens moderne de cette qualification, dont les archives de la famille font mention. Nous allons voir qu'il fut suivi de beaucoup d'autres.

II. — **Gabriel du Boulet**, Seigneur de la Broüe, fils aîné du précédent[1], né vers 1630, mort en 1712, gouverneur de Péronne.

C'est la figure la plus originale, sinon la plus intéressante de cette brillante série : elle mérite que nous en retracions soigneusement les traits. Remarqué de bonne heure par sa bravoure au cours de la période triomphante de cette prestigieuse épopée du Grand Roi, qui semble avoir inspiré celle de l'Empire, le Chevalier de la Broüe commandait à Senef (1678) avec le grade de Lieutenant-Colonel, le Régiment du Dauphin [2] et s'y comporta avec une distinction qui fixa sur lui pour toujours l'attention de Louis XIV. Nommé l'année suivante au Gouvernement de Péronne, à titre de récompense de sa valeur militaire, il n'en cessa les importantes fonctions qu'à sa mort (1712), après 33 ans de charge et 66 de service effectif. Honoré

(1) Il eut deux frères non militaires : Jean du Boulet, seigneur de la Mothe, et Jacques du Boulet, seigneur de Bonneville.

(2) Le Régiment Dauphin avait à ce moment pour chef le Marquis d'Uxelles qui se distingua, en 1689, à la défense de Mayence, et devint peu après Maréchal de France.

de la constante et même amicale bienveillance du Roi, de celle de ses Ministres : Louvois, Barbezieux, Chamillart et Voysin ; mêlé de par son emploi de Commandant d'une place frontière à la plupart des événements de guerre de l'époque, il eut en outre de mémorables occasions de faire preuve de tact et de dignité, — entr'autres, lors de la visite que fit Louis XIV, en 1693, à sa bonne ville de Péronne. Le Monarque, à l'apogée de sa gloire militaire, coucha dans les appartements du Gouverneur et lui témoigna la plus flatteuse cordialité. Quatre ans plus tard (1697), quelques mois après la courte paix de Ryswick, M. de la Broüe recevait, au nom du Roi, l'ambassadeur d'Angleterre, Milord Portland, en tournée diplomatique dans les Flandres et lui rendait, suivant les instructions très précises de Sa Majesté, tous les honneurs qu'une place de cette importance peut offrir. Rappelons aussi la mission de confiance dont il fut chargé par Chamillart au sujet de la singulière aventure de Beringhen, encore très incomplètement élucidée.

Parmi les nombreux documents relatifs aux faits et gestes de ce modèle des « Lieutenants de Roy » nous citerons :

Un Brevet de Capitaine d'une Compagnie dans le Régiment de Sainte-Mesme, daté du 18 avril 1651.

Une Lettre de Cachet délivrée le 15 juin 1667, au Capitaine de la Broüe, pour sortir du Régiment d'Infanterie de Castelnau et passer avec sa Compagnie au Régiment de Monseigneur le Dauphin.

Un Brevet de Lieutenant-Colonel au dit Régiment, en date du 15 septembre 1676, — après 25 ans de grade de Capitaine, en remplacement du titulaire nommé au gouvernement d'Aire.

Un Brevet de « Lieutenant de Roy » au gouvernement de Péronne, accordé le 4 décembre 1679 par Louis XIV : « à nôtre cher et bien amé le S^r dé la Broüe, » Lieutenant-Colonel au Régiment de Monseigneur le Dauphin, » pour reconnoître les services qu'il nous a rendus pendant » 33 ans dans nos armées de Flandre, d'Alemagne et autres, tant » en qualité de Capitaine d'Infanterie qu'en celle de Lieutenant- » Colonel au Régiment Dauphin, en plusieurs occasions ou il s'est « signalé par sa valeur et son courage...... » Ce Brevet fut renouvelé dix fois en vertu des règles qui limitaient à trois ans le gouvernement des places fortes. On ne saurait donner de meilleure preuve de l'estime du Grand Roi pour son Lieutenant de Péronne.

Tous ces Brevets, rédigés selon les formules solennelles du protocole du temps — sur parchemins — signés de la main du Roi, contresignés de celle de ses ministres en charge et munis des sceaux traditionnels. Nous ne nous attarderons pas, malgré le très réel intérêt que le dépouillement en pourrait offrir à les reproduire *in extenso*, ni à analyser la totalité des Dépêches Ministérielles existant encore dans les Archives de la famille, et qui ne doivent cependant représenter qu'une faible partie du stock de la correspondance officielle échangée au cours de ces trente-trois années de charge entre le Gouverneur de Péronne et les hautes autorités qui eurent affaire à lui. Quelques-unes méritent toutefois d'échapper à cette proscription. Telles :

1° La Lettre par laquelle Louis XIV informe personnellement M. de la Broüe de sa victoire de Pignerol. En voici la très exacte copie :

« Monsr de la Broüe. J'avois anvoye des troupes a mon
» cousin le Mareschal de Catinat pour joindre a mon armee quil
» commande en Italie afin de pouvoir antrer dans la plaine de
» Piemont et attaquer celle de mes Ennemis commandes par le
» duc de Savoye qui sanbloit avoir dessein de faire le siège de ma
» ville de Pignerol, ce que mon dit cousin a conduit si prudamant
» que s'estant retirez avec precipitation a son aproche de devant
» ceste place qu'ils commancoient de bombarder, Il les a poursui-
» vis de maniere quils se sont trouvez obligez de combattre le
» quatre de ce mois et mon armee les a chargez avec tant de
» valeur pendant toute la bataille qui a dure sept heures que non
» seuleman il leur est demeure sur la place neuf a dix mil hommes
» et entrautres des meilleurs Regiments de l'Empereur que ma
» Gendarmerie a taillez piece avec un courage et une conduite que
» mondit cousin me marque ne pouvoir trop louer, mais aussi
» qu'on leur a fait près de 2,000 prisonniers avec lesquels il y a
» beaucoup de personnes de consideration et plus de cent six dra-
» peaux ou etendards, ce qui est une victoire complete et tres
» avantageuse dont je desire qu'il soit rendu incessaman de tres
» humbles actions de grace Dieu qui continue de proteger visi-
» bleman la Justice et mes armes en tous endroits. Cest pourquoy
» J'escris aux Archevesques et Evesques de mon royaume d'en
» faire chanter le Tedeum dans toutes les eglizes de leurs dioceses
» et vous fais cette lettre pour vous dire d'assister a celuy quy
» sera celebre dans leglise principale de ma ville de Peronne,
» donner ordre aux officiers tant de Justice que Magistrats de sy
» trouver comme aussy de faire faire les feux de joye et tirer le
» canon ainsi quil est accoustume pour marque de rejouissance
» publique. Sur ce je prieray Dieu qu'il vous ait Monsr de la Broüe
» en sa sainte garde. Ecrit a Fontainebleau le xiie jour docto-
» bre 1693. »

Signé : LOUIS.

Contresigné : PHELYPPEAUX.

2° Les trois Lettres suivantes, relatives à l'enlève-
ment du Marquis de Beringhen, contenant des détails
authentiques et inédits sur ce coup d'invraisemblable

audace que l'on croirait sorti de toute pièce de la fertile imagination d'un romancier de « cape et d'épée » :

Autographe de Chamillart, adressé à M. de la Broüe, le 7 mars 1707, à 9 heures du soir, une heure après que le Roi eut connaissance de l'événement :

7 mars 1707.

« MONSIEUR,

» Le Roy vient d'apprendre que Monsieur le Marquis de
» Beringhen son premier ecuyer, a este enlevé aujourdhuy sur
» les huit heures du soir entre Sens et Paris, dans un carosse, par
» douze ou quatorze hommes à cheval. Comme l'on ne scait point
» qu'elle routte ils oront pris et que l'on peut croire que ce sont
» des ennemys; des ennemis de l'estat qui l'emmene aux pays
» estrangers, sa Majesté ordonne de vous despecher un courrier
» pour vous informer de cette facheuse avanture, affin que pour
» esseyer de les joindre, vous donniez dans l'estendüe de vostre
» commandement tous les ordres necessaires pour faire arrester
» aux passages tous les gens suspect qui s'y presenteront en
» troupe ou separement; que vous fassiez battre l'estrade dans
» les boids et le long des rivieres et partout ou vous croïeriez
» qu'ils pourroient passer, en sorte qu'ils ne puissent echapper a
» vostre vigilance s'ils vont de vostre costé, vous ferez passer le
» mesme advis aux commandants des postes a costé de vous affin
» quils prennent les mesmes precautions et donnent les mesmes
» ordres.

» Je suis, Monsieur, vostre tres humble et tres affectionne
» serviteur,

» CHAMILLART. »

Lettre officielle du même Ministre, informant M. de la Broüe de la reprise du marquis de Beringhen :

A Versailles, le 27 mars 1707.

« MONSIEUR,

» L'entreprise du sr Guesten autant bien concertée quelle
» pouvoit l'estre par les mesures quil avoit prises pour son retour

» après avoir enleve Monsʳ de Beringhen, premier escuyer du roy,
» jeudy au soir, ayant marche toutte la nuit et s'estant servi des
» relays quil avoit places en differents endroits ne lui a pas reussy ;
» il a eté coupé par les ordres que le Roy avoit donne par plusieurs
» courriers qu'il avoit fait despecher une lieue en deça de la ville
» de Ham ou il a eté pris avec ceux de son escorte et Monsʳ le
» Premier mis en liberté, cette entreprise aussy folle que teme-
» raire fera beaucoup de bruit parmy les ennemis et dans les
» pays estrangers l'orsqu'elle se rependra dans sa premiere veüe
» puisqu'elle s'estoit passée a deux lieues de Versailles, mais elle
» ne lui fera pas beaucoup d'honneur pour la maniere dont elle a
» finy. J'ay eté bien aise de vous en informer afin de vous mettre
» en etat de prevenir le Public. Je suis,

  » Monsieur,

» Vostre tres humble et tres affectionne serviteur,

        » CHAMILLART. »

*Lettre de Torcy, sous-secrétaire d'Etat aux Affaires étran-
gères, écrite le lendemain de la précédente pour confirmer
l'événement annoncé la veille par Chamillart, et dont Louis XIV
s'était fait un point d'honneur de hâter le succès :*

     A Versailles, le 28 mars 1707.

  « MONSIEUR,

» Jay receu la lettre que vous avez pris la peine de m'escrire
» par laquelle je vois les soins que vous vous estes donnez pour
» decouvrir ceux qui peuvent avoir enleve Mʳ le Marquis de
» Beringhen. Vous ne devez pas douter que Sa Majesté ne soit
» fort satisfaite de vostre exactitude, Mais comme Elle a apris hier
» au soir qu'un detachement du Regiment de Livry l'avoit repris
» entre Ham et St-Quentin, Vous pouvez, Monsieur, faire cesser
» vos diligences et vos recherches. Je proffite avec plaisir de cette
» occasion pour vous assurer que je suis fort sincerement,

  » Monsieur,

» Votre tres humble et tres affectionné serviteur,

        » DE TORCY. » .

D'après les termes de cette dernière dépêche, il est facile de se rendre compte que M. de la Broüe jouissait auprès de Louis XIV de l'heureuse situation de *persona grata*. Le billet ci-dessous, que le Monarque prit la peine d'écrire en entier de sa main encore ferme, malgré ses 70 ans prêts à sonner, en donne d'ailleurs mieux que tout commentaire une expressive démonstration :

» Monsr de la Broüe, vous donnerez demain 23ᵉ may une
» escorte pour conduire le tresor de larmee a Cambray, laquelle
» ira jusqu'à Metz en Couture, jescris au sieur de Dreux lieutenant
» de roy a Cambray pour quil envoye cinquante fusilliers a Metz
» en Couture qui le prendront audit Metz en Couture et laccompa-
» gneront jusqu'a Cambray. Vous me rendrez compte des ordres
» que vous aurez donne, soyez persuadé de mon affection. Je suis
» a Valenciennes.

> » Ce 22ᵉ may 1708,

> » V^{re} amy,

> » LOUIS. »

Citons enfin la Lettre ci-après [1], à la fois officielle et amicale par laquelle Chamillart informe son subordonné de la prochaine tournée qu'il s'apprête à faire dans les Flandres. On y verra peut-être avec surprise que les Ministres du Grand Roi étaient parfois, pour le moins, aussi simples que les nôtres :

> A Versailles, le 6 avril 1708.

« Monsieur,

» Le Roy ayant juge apropos de m'envoyer sur la frontiere,
» J'espere me rendre lundy prochain a Peronne, mardy a Bethune,
» mercredy a Ypres, jeudy a Lille et vendredy à Tournay, Je vous

---

(1) Ecrite en bâtarde régulière sur une feuille double de 19/16 centimètres, pliée en deux et sans adresse au dos, sous forme de billet inséré probablement dans un paquet officiel.

» prie de donner les ordres nécessaires pour asseurer mon passage
» dans l'estendue de votre commandement, et de faire disposer
» pour cela d'espace en espace dans les lieux ou vous croirez qu'il
» y aura des precautions a prendre contre les partis Ennemis, des
» troupes sufisantes au lieu de les faire suivre pour m'escorter,
» Ce que je vous demande plus particulierement est que je sois
» receu comme un simple particulier et sans aucune distinction,
» rien ne me convenant moins de toutes façons que des démons-
» trations publiques jointes a un grand bruit, que ma sante qui
» n'est pas entierement retablie ne me permettroit pas de soutenir.
    » Je suis

        » Monsieur,

            » Votre bien humble et tres affectionne serviteur,

                » CHAMILLART. »

III. — Le fils unique du Gouverneur de Péronne, **CLAUDE-FRANÇOIS DU BOULET**, Chevalier, Seigneur de la Broüe, né en 1674, à Anisy-le-Château en Picardie, suivit comme son père, mais avec moins d'éclat, la carrière des armes. Commissionné Lieutenant dans la Compagnie de Caulincourt, au Régiment des Dragons de Sailly, le 23 janvier 1691, à l'âge de 16 ans, il fut nommé deux ans après Commandant de Compagnie dans le même Régiment, le 16 avril 1693, soit quelques jours seulement avant la visite de Louis XIV à Péronne — événement qui ne fut sans doute pas étranger à ce rapide avancement. — Nous ne savons plus rien ensuite de la carrière de ce jeune Capitaine dont l'ambition paraît avoir été de la sorte prématurément satisfaite.

IV. — **GABRIEL DU BOULET DE LA BROÜE**, seul enfant mâle du précédent, fut le digne continuateur de son aïeul. Né à Soisy-sur-Seine, le 20 mai 1725, Lieutenant en second au Régiment de Picardie, le 2 juillet 1743, âgé de 18 ans. Lieutenant en premier, le 4 décembre suivant, il quitte en 1757 le Régiment de Picardie pour prendre le Commandement d'une Compagnie détachée de soldats de marine qu'on envoyait à la Martinique. Très activement mêlé aux événements de la guerre Coloniale de 1762, il eut de nombreuses occasions de se distinguer pendant le siège de Saint-Pierre par les Anglais et au cours des négociations qui suivirent la reddition de l'île.

Chevalier de Saint-Louis le 1er juillet 1770. — Lieutenant-Colonel d'Infanterie le 21 juin 1774, à l'âge de 49 ans, il fut nommé avec ce grade Commandant supérieur des Milices de la Martinique et mis à la retraite, sur sa demande, en 1776.

Très attaché à son nouveau pays, où le retenaient d'ailleurs les liens les plus étroits [1], il mourut à Saint-Pierre, le 8 novembre 1813.

La *Gazette de la Martinique* du 12 novembre 1813 consacra à la mémoire du Lieutenant-Colonel de la Broüe l'article élogieux, mais nullement exagéré qu'on va lire et qui permet d'apprécier la juste considération que cet officier supérieur avait inspirée à ses concitoyens :

« Messire Gabriel du Boulet, chevalier seigneur de la Broüe,
» chevalier de l'ordre royal et militaire de Saint-Louis, et colonel
» d'infanterie, a fini le 8 de ce mois de novembre 1813 sa longue
» carrière sans éprouver les angoisses de la mort. Il a perdu sans

[1] Le Lieutenant-Colonel de la Broüe se maria deux fois à la Martinique :
    1° en 1759, avec la jeune veuve de M. de Lucy de Possarieu ;
    2° en 1771, avec la veuve du marquis d'Hocquencourt.
C'est de son premier mariage que naquirent le Lieutenant-Colonel Baron de la Broüe et le Capitaine Chevalier de la Broüe, dont nous donnons ensuite l'esquisse biographique.

MARIE-PHILIPPE-LOUIS DU BOUZET, CHEVALIER DE LA BROÜE

CAPITAINE AU RÉGIMENT DE ROHAN-SOUBISE

1766-1798

(Voir page 14)

» convulsion une existence qu'il avait conservée sans reproche
» pendant environ 89 ans.....

   » Il vécut sans avoir excité la jalousie : il a fini sans que
» personne aie pu le haïr. Il commença ses travaux militaires en
» France. Les batailles de Fontenay, de Rocoux, de Lawfeld, ont
» été témoins de sa valeur. Il a concouru à la gloire des armées
» françaises en assistant à sept sièges. Ce fut un soldat généreux,
» un citoyen recommandable...... »

V. — **René-Charles-Gabriel du Boulet**, baron
de la Broüe, fils aîné du Lieutenant-Colonel que nous
venons de présenter à nos lecteurs, né à la Martinique,
le 8 juillet 1763, élevé en France à l'École militaire,
admis le 6 mai 1780, avec le grade de Sous-Lieutenant
et le titre de Baron dans le régiment Mestre de Camp
Général des Dragons, commandé par le Marquis de
Coigny — Lieutenant au même Régiment, le 1er mai
1783, — Capitaine, le 16 juin 1790, à 27 ans.

Il émigra le 5 septembre 1791 et fit les campagnes de
1792 et 1793 dans la Compagnie d'officiers commandée
par le Duc d'Harcourt.

Rentré à la Martinique après le licenciement de
l'armée de Condé, il fut employé par l'Amiral Villaret
Joyeuse, Capitaine général de la Colonie, qui lui donna
commandement de la paroisse de Vauclin (6 janvier 1803)
et d'un bataillon de milice (27 septembre 1804). A la tête
de ces forces auxquelles s'étaient jointes des troupes de
ligne, il soutint avec distinction les attaques des Anglais,
dont la supériorité numérique finit par triompher, le
24 février 1809.

A peine rentré en France, à la Restauration, le
Baron de la Broüe prit part au voyage de Gand. Chevalier de Saint-Louis le 13 août 1815, il est attaché avec

son grade de Chef de Bataillon à l'État-Major du Duc de Bellune, Commandant de la Garde Royale.

Chevalier de la Légion d'honneur le 16 mars 1816, promu Lieutenant-Colonel le 19 juin suivant, il est appelé au Commandement de la Légion d'Infanterie en voie de formation pour la Martinique et retourne dans l'île à la tête de ce Corps Colonial. Celui-ci ayant été dissous en 1820, le Lieutenant-Colonel de la Broüe fut nommé Commandant de place de Fort-Royal et resta en fonctions jusqu'à la Révolution de Juillet 1830. Il mourut dans son habitation du Vauclin, le 8 mai 1832, à l'âge de 69 ans, sans postérité masculine.

VI. — **Marie-Philippe-Louis du Boulet**, Chevalier de la Broüe, frère du précédent, né à Saint-Pierre de la Martinique, le 8 juin 1766. Élevé en France, au collège de Juilly, Sous-Lieutenant à 15 ans, le 27 août 1781, dans le Régiment de Rohan-Soubise. Commandé par son parent, le Marquis de Caulincourt, frère du futur duc de Vicence, le Régiment ne fut plus désigné que sous la dénomination de Rohan, par ordonnance du 29 avril 1787. Il devint, en 1791, le 84ᵉ d'Infanterie. Le portrait joint à cette notice en reproduit l'élégant uniforme : habit blanc aux revers verts, épaulettes et boutons d'argent.

Lieutenant en 1790, le Chevalier de la Broüe fut promu Capitaine le 12 juin 1792, à l'âge de 26 ans. Il eut la bonne fortune de faire, avec son Régiment, l'expédition de Saint-Domingue et d'échapper ainsi à l'inexorable dilemme de l'émigration ou de la Terreur. Mais, indigné des désordres du temps, il donna sa démission le 7 juillet 1793 et quitta Saint-Domingue pour se réfugier à la Martinique, auprès de son père, et il y

GABRIEL-CLAIRE-DIEUDONNÉ DU BOULET DE LA BROÜE

COMMISSAIRE DE LA MARINE AU PORT DE ROCHEFORT

CHEVALIER DE LA LÉGION D'HONNEUR

1797-1846

arriva le 1er décembre suivant. Ses concitoyens s'empressèrent de lui confier le Commandement d'une Compagnie d'élite, qu'il exerça jusqu'à la prise de la Colonie par les Anglais, en 1794. Le Capitaine de la Broüe passa alors aux États-Unis, puis rentra en France sous le Directoire et se fixa à Langoiran (Gironde), où il se maria en 1796 et mourut prématurément le 18 novembre 1798, laissant deux fils qui reprirent presque simultanément les vieilles traditions militaires de la famille.

VII. — **GABRIEL-CLAIRE-DIEUDONNÉ DU BOULET DE LA BROÜE,** — fils aîné du Capitaine à Rohan-Soubise, né à Langoiran, le 13 janvier 1797. Entré dans l'Administration de la Marine à la Guadeloupe, en qualité de secrétaire de l'Intendant de la Colonie, le Conseiller d'État Foullon d'Écotier. — Commis principal le 1er janvier 1819. — Sous-Commissaire le 14 septembre 1822 — et appelé au port de Rochefort en 1828 — Chevalier de la Légion d'honneur le 1er janvier 1835 — Commissaire d'escadre en 1842. — Commissaire de Marine le 26 octobre 1843, à l'âge de 46 ans. Mort trois ans après, le 24 juin 1846 — sur sa terre du Jarry, commune de Beurlay (Charente-Inférieure) — presque au moment d'atteindre le brillant couronnement de son honorable carrière.

VIII. — **ALEXIS DU BOULET DE LA BROÜE,** frère puîné du précédent. Admis en 1815, à l'âge de 17 ans, comme Garde du Corps du Roi dans la Compagnie du Duc de Raguse. — Passé en 1816 avec le grade de Sous-Lieutenant, à la Martinique, dans la Légion commandée par son oncle le baron de la Broüe. Nommé Lieutenant au même corps le 17 avril 1817. Réformé en 1825 pour cause de santé. Mort à Cayenne en 1830.

IX. — **Alphonse-Marie-Élie-Gabriel du Boulet de la Broüe**, fils unique et dernier des six enfants du Commissaire de la Marine [1], né à Rochefort, le 15 décembre 1835, eut à peine le temps de faire quelque pas sur la voie si fidèlement suivie par ses ancêtres. Engagé volontaire le 4 janvier 1853, au 66° de ligne qui tenait alors garnison à Angoulême ; Caporal le 11 août suivant ; Sergent le 1ᵉʳ juillet 1854 ; Sergent-Major de Grenadiers le 21 décembre 1855, six jours seulement après son 20° anniversaire. La rapidité de ses étapes initiales donne la mesure du chemin qu'aurait sûrement parcouru le jeune Sous-Officier si le perpétuel fléau de nos garnisons, la fièvre typhoïde, ne fût venu l'enlever le 16 mai 1856 — et clore irrévocablement la dernière page du Livre d'Or de cette vaillante lignée des **du Boulet de la Broüe**.

Louis DELMAS,

Médecin principal de première classe,
Ancien Directeur du service de santé du 10ᵉ corps.

Beurlay, le 4 Août 1903.

---

(1) Les cinq autres furent des filles. Parmi les trois actuellement survivantes et dont l'heureuse vieillesse est assurée d'une exceptionnelle prolongation, Mademoiselle Amélie du Boulet de la Broüe, l'aînée de la famille, retirée à Beurlay depuis la mort de ses parents, conserve avec un soin pieux les archives et les souvenirs qui nous ont permis de rédiger cette notice : nous nous faisons un agréable devoir de lui exprimer nos respectueux remercîments pour la patiente obligeance qu'elle a bien voulu mettre à nous laisser compulser ses précieux documents.